EXPOSÉ DES MOTIFS ET PROJET DE LOI

SUR LA

CHAMBRE DU CONSEIL

ET LES

AUTORISATIONS SUR REQUÊTE

PAR

M. BERTIN

AVOCAT A LA COUR D'APPEL DE PARIS
ANCIEN RÉDACTEUR EN CHEF DU DROIT.

PARIS

A. DURAND ET PEDONE-LAURIEL, LIBRAIRES

9, RUE CUJAS, 9

—

1876

ORLÉANS, IMP. DE G. JACOB, CLOÎTRE SAINT-ÉTIENNE, 4.

CHAMBRE DU CONSEIL

ET

AUTORISATIONS SUR REQUÊTE

PAR LE PRÉSIDENT

Avant de présenter l'exposé des motifs des dispositions qui devront régir la Chambre du conseil et les autorisations sur requête, il nous paraît utile de démontrer la nécessité de la loi à intervenir alors que des intérêts et des droits dont l'importance et le nombre sont devenus considérables se trouvent, en l'absence de toute règle déterminée par la loi, soumis aux fluctuations et aux contradictions de la doctrine et de la jurisprudence.

PREMIÈRE PARTIE

NÉCESSITÉ DE FAIRE UNE LOI SUR LA CHAMBRE DU CONSEIL ET LES AUTORISATIONS DONNÉES SUR REQUÊTE PAR LE PRÉSIDENT.

Il n'est pas de matière qui ait donné lieu à des systèmes plus divers et à des solutions plus contradictoires que celle à laquelle appartient la Chambre du conseil et les autorisations données sur requête par le président du tribunal.

Les divergences, les contradictions, au lieu de diminuer, à la suite des controverses et des décisions judiciaires, se sont accentuées de plus en plus ; après soixante-dix ans de discussion sur la *nature* et les *effets* de la décision, sur la *compétence* et les *voies de recours*, le doute et l'incertitude existent plus que jamais dans tous les esprits.

Ce doute et cette incertitude ont deux causes : 1º l'absence de règles en ce qui concerne la Chambre du conseil et les autorisations délivrées sur requête par le président du tribunal ; 2º les qualifications inexactement données par la loi aux décisions rendues par l'une et l'autre de ces juridictions.

La nature et les effets des décisions rendues sur requête, par la juridiction gracieuse, diffèrent essentiellement de la nature et des effets des décisions rendues par la juridiction contentieuse.

Le Code civil et le Code de procédure n'ont, dans aucune de leurs dispositions, déterminé la distinction à établir entre les deux juridictions ; il suffit de lire les différents articles, consacrés à la matière qui nous occupe, pour avoir la certitude que le législateur n'admet qu'une seule juridiction comme devant connaître des affaires gracieuses, aussi bien que des contentieuses ; dans les deux cas, les parties doivent s'adresser au *tribunal* qui statue par *jugement ;* la seule différence admise par le législateur consiste en ce que, dans certains cas, le *tribunal* devra instruire l'affaire et *juger* en Chambre du conseil.

Le président du tribunal, qu'il statue soit sur *assignation,* soit sur *requête,* rend, dans les deux cas, des *ordonnances.*

§ 1

NATURE DES DÉCISIONS RENDUES SUR REQUÊTE PAR LA CHAMBRE DU CONSEIL ET LE PRÉSIDENT DU TRIBUNAL.

Il nous paraît indispensable de déterminer juridiquement la *nature* des décisions rendues *sur requête* par la Chambre du conseil et par le président du tribunal.

Lorsqu'on sait quelle est la nature de ces décisions, il est facile d'en préciser les règles et les effets.

Une confusion fâcheuse a été établie dans notre ancien droit français et dans le droit moderne entre deux décisions judiciaires qui, se produisant dans des conditions différentes et appartenant à deux ordres de juridiction essentiellement dissemblables, ont reçu les mêmes qualifications et ont été soumises aux mêmes règles.

Le droit romain a tracé la voie où doivent s'engager ceux qui veulent connaître, enseigner et pratiquer la vérité juridique.

Ce droit constate que le pouvoir juridictionnel se divise en deux branches ayant chacune son mode de procéder, ses règles spéciales et produisant des effets différents.

La définition de cette double juridiction est ainsi donnée par le jurisconsulte romain :

Juridictio recte dividitur in voluntariam quæ inter volentes et sine causæ cognitione exercetur et contentiosam quæ inter invitos et litigantes, cum causæ cognitione, exercetur.

M. Henrion de Pensay, dans son traité de l'*Autorité judiciaire*, chapitre XIV, déclare que « la différence entre ces deux espèces de juridictions, c'est que celui qui a recours à la juridiction volontaire ne demande au juge que l'interposition de son autorité, et que ceux que des prétentions contraires forcent de s'adresser aux tribunaux leur demandent d'abord *une sentence*, c'est-à-dire de prendre connaissance de leurs moyens et de les *juger*; ils n'invoquent l'autorité du juge que *secondairement* et pour l'exécution de cette même sentence, ce qui a fait dire aux jurisconsultes que la juridiction volontaire *est magis imperii quàm juridictionis* et que la contentieuse *est magis juridictionis quàm imperii.* »

M. Henrion de Pensay ajoute, en conformité des précédentes observations, que « TOUT CE QUI SE FAIT sur la demande d'une seule personne, ou sur celle de plusieurs, d'accord entre elles, *appartient à la juridiction gracieuse.* »

Ce qui détermine le caractère de la décision, c'est donc, non la nature de la chose demandée, mais les circonstances dans lesquelles la demande intervient et le procédé à l'aide duquel le magistrat est appelé à statuer ; si ceux qui ne peuvent agir sans le concours du pouvoir judiciaire sollicitent son intervention *par requête*, la décision qui intervient appartient nécessairement à la juridiction gracieuse régie par des principes spéciaux.

De ces principes il résulte que le magistrat ayant statué sur requête, sans citation donnée à la partie intéressée à contester la demande, ne peut se prononcer *en connaissance de cause, constater le droit du requérant* et par suite *ordonner la mise à exécution de ce droit;* il *permet,* il *autorise,* ainsi

que le déclarent, très-exactement, les articles **72, 417,
558** et **909** du Code de procédure, qu'il soit fait
ainsi qu'il est demandé, aux risques et périls de
celui qui a sollicité *l'autorisation*, et sous la réserve
de tous les droits des tiers.

Si *l'autorisation* qui intervient dans de telles circonstances ne peut être attaquée par aucune des
voies de recours ouvertes par la loi contre les *actes
de la juridiction contentieuse*, parce que cette autorisation n'est et ne peut être qu'un *acte d'administration ou de tutelle judiciaires*, les tiers lésés, qui.
se trouvent en présence de cet acte, peuvent se
pourvoir, non contre *l'autorisation*, mais contre la
mesure autorisée, par les voies ordinaires, c'est-à-
dire par action principale et, en cas d'urgence,
devant le *juge des référés*.

Il doit nécessairement en être ainsi, parce que la
décision intervenue, *sur requête*, ne peut constater
l'existence du droit et constituer, même provisoirement, la chose jugée.

Les actes de la juridiction gracieuse, dont la procédure, le mode d'instruction et les résultats sont
complètement différents de ceux de la juridiction
contentieuse, sont donc d'une nature spéciale et
distincte de celle des actes de cette dernière juridiction.

C'est avec raison que la commission de 1864 a
dit que la Chambre du conseil constituait une *juridiction spéciale, sorte de tribunal dans un tribunal*.

§ II

QUALIFICATIONS INEXACTEMENT DONNÉES PAR LA LOI
AUX DÉCISIONS RENDUES SUR REQUÊTE PAR LA CHAMBRE
DU CONSEIL ET PAR LE PRÉSIDENT DU TRIBUNAL.

Les qualifications données aux actes de la juridiction gracieuse doivent être appropriées à la *nature* de ces actes ; il n'en a pas été ainsi dans notre droit ancien et dans notre droit moderne : toutes les décisions rendues sur les demandes déférées à un certain nombre de magistrats ont reçu et continué à recevoir la qualification de *jugements ;* toutes les décisions rendues par un seul magistrat ont été qualifiées *ordonnances*.

Ces qualifications appliquées par la loi, tant aux actes de la juridiction contentieuse qu'à ceux de la juridiction gracieuse, ont eu des résultats regrettables.

Le mot *jugement* suppose nécessairement un litige provoqué par la mise en demeure de celui qui peut avoir intérêt à contester la demande ; il suppose l'appréciation du tribunal qui, après avoir entendu les explications contradictoires des parties intéressées, *juge* le différend en constatant où est le droit.

Lorsqu'une ou plusieurs parties, d'accord entre elles, se présentent devant les représentants de l'autorité judiciaire pour être habilitées à faire ce qu'elles ne peuvent faire sans y être autorisées, la décision qui intervient ne saurait recevoir la qualification de *jugement*, puisque le magistrat n'a rien à *juger* et qu'il n'intervient que pour interposer son autorité et faire acte d'administration ou de tutelle judiciaires.

La qualification : *ordonnance*, donnée aux autorisations que le président du tribunal délivre *sur requête*, n'est pas moins inexacte.

Lorsque le président statue en *référé* après assignation et débat contradictoire, il rend une véritable *ordonnance*, puisqu'il *ordonne* que ce qu'il a provisoirement *jugé* sera exécuté par provision ; lorsqu'il statue *sur requête*, sans mise en demeure et en l'absence de la partie qui peut être intéressée à contester, il fait acte, non de juridiction contentieuse, mais d'administration ou de tutelle judiciaires.

C'est avec raison, ainsi que nous l'avons déjà dit, que les articles 72, 417, 558 et 909 du Code de procédure disposent que, dans les cas qu'ils signalent, le président *permet, autorise ;* le président, qui n'entend qu'une seule des parties intéressées, statue, ainsi que le déclare le jurisconsulte romain, *sine causæ cognitione ;* il peut, dans la situation où il est placé, *permettre, autoriser,* mais non *ordonner* quoi que ce soit, *l'ordre de justice* ne pouvant intervenir qu'à la suite de l'appréciation et de la constatation du droit qui sont interdits au magistrat statuant sur requête.

Dans la loi à intervenir et dans les différentes dispositions du Code civil et du Code de procédure, le mot *jugement,* appliqué aux actes de la Chambre du conseil statuant *sur requête,* devra être remplacé par celui : *décision,* qui, par sa généralité, est applicable à toutes les décisions de justice et par conséquent à celles qui émanent soit de la juridiction gracieuse, soit de la juridiction contentieuse.

Le mot *ordonnance* devra être remplacé par celui : *autorisation,* qui qualifie exactement l'acte du président qui, *sur requête,* ne peut que permettre ou autoriser.

§ III

DÉTAILS STATISTIQUES.

L'incertitude et la confusion sont telles dans les affaires de Chambre du conseil et d'autorisations sur requête, que les Cours d'appel n'ont pu établir une jurisprudence et déterminer à quelle juridiction devaient avoir recours ceux qui ont des autorisations à solliciter de la Chambre du conseil.

Les uns s'adressent à la juridiction contentieuse du tribunal, d'autres à la juridiction spéciale de la Chambre du conseil procédant sur requête.

Voici, au surplus, le bilan des contradictions signalées par la statistique de 1873 en ce qui concerne les décisions de la Chambre du conseil rendues, les unes par la juridiction ordinaire du tribunal,

les autres par la juridiction spéciale de la Chambre
du conseil :

	Rendues à l'audience.	Rendues à la Chambre du Conseil.
Décisions judiciaires devant tenir lieu d'actes de l'état-civil..............................	1,748	877
Homologations d'actes de notoriété............	2,067	1,133
Rectifications d'actes de l'état-civil............	3,084	999
Nomination d'administrateurs de biens d'absents et de notaires pour représenter ceux-ci.....	375	208
Autorisations de femmes mariées.............	1,015	1,026
Administration du tuteur. — Autorisations de mineurs................................	540	727
Homologation de délibération du conseil de famille................................	540	1,216
Interdiction. — Actes préparatoires à la demande d'interdiction. — Convocation du conseil de famille. — Nomination d'administrateur provisoire.....................	1,748	877
Succession vacante. — Nomination de curateur.	927	537
Vente ou échange de biens dotaux............	140	35
Régime dotal. — Autorisation d'aliéner les biens dotaux............................	490	1,485
Nomination de séquestre.....................	7	4
Réduction ou restriction d'hypothèque légale..	137	100
Aliénés. — Loi du 30 juin 1838. — Nomination d'administrateur.........................	206	858
Vente des immeubles du failli. — Autorisation.	515	280

Nous avons dû nous borner à signaler les plus
gros chiffres : sur 24,787 affaires de Chambre du
Conseil, ont été appréciées :

Par la juridiction contentieuse du tribunal... 14,546

Par la juridiction spéciale de la Chambre
du conseil...................................... 10,241

24,787

La Chambre du conseil du tribunal de la Seine
figure, dans le chiffre de 10,241 affaires appréciées
par la Chambre du conseil, pour 3,522.

Les mêmes divergences et les mêmes contradictions se manifestent dans les solutions données par
la magistrature aux nombreuses et importantes
questions qui se produisent par suite des autorisations données sur requête par le président du tribunal, lesquelles s'élèvent, pour celles délivrées
en 1874, par le président du tribunal de la Seine,
à 21,285.

§ IV

INCERTITUDE DE LA JURISPRUDENCE.

Nous nous garderons bien de signaler les trop
nombreuses contradictions qui existent dans la
jurisprudence des Cours d'appel, sur les questions de
Chambre du conseil et d'autorisations données sur
requête par le président du tribunal ; nous nous bor-
nerons à donner le total des arrêts de Cour d'appel
rendus sur la question de savoir si l'autorisation
donnée par le président, par suite de la réserve d'en
référer, peut être attaquée par la voie de l'appel.

On trouve dans les recueils de jurisprudence
50 arrêts sur cette question.

24 admettent l'appel ; 26 ont été rendus en sens
contraire.

Toutes les Cours ont, sur cette question, des arrêts
contradictoires.

La Cour de Paris a autant d'arrêts pour que contre.

En 1866, la première chambre de cette Cour déclarait irrecevable l'appel que les deuxième, troisième et quatrième chambres de la même Cour admettaient.

La Cour de cassation, après avoir déclaré par arrêt du 16 mai 1860 l'appel recevable, l'a déclaré irrecevable par un second arrêt du 13 août 1862.

La jurisprudence de la Cour de cassation présente les mêmes incertitudes et les mêmes contradictions en ce qui concerne les voies de recours ouvertes contre l'*ordonnance* rendue sur requête.

Cette cour jugeait le 4 janvier 1841 que le pourvoi formé contre une ordonnance rendue sur requête n'était pas recevable, parce que *cette ordonnance n'avait pas été attaquée par aucun des moyens indiqués par la loi.*

L'arrêt du 4 janvier 1841 aurait rendu un grand service aux jurisconsultes, aux praticiens et aux magistrats, s'il avait bien voulu indiquer les dispositions de loi qui déterminent *les voies de recours ouvertes contre l'ordonnance sur requête.* Tout le monde a cherché dans le Code civil, dans le Code de procédure et dans les lois spéciales quelles pouvaient être ces voies de recours ; personne n'a pu découvrir un texte révélant d'une manière, soit directe, soit indirecte, les volontés du législateur.

M. Troplong, le rapporteur du pourvoi et le rédacteur de l'arrêt du 4 janvier 1841, n'avait pas de données bien précises à cet égard, puisque dans son rapport il déclare « qu'il y a trois systèmes sur la voie à prendre pour faire réformer les *ordonnances* de la nature de celle dont il s'agit.

« Les uns ont prétendu qu'il fallait faire opposition et porter cette opposition devant le tribunal.

« D'autres ont pensé qu'il fallait interjeter appel et porter le débat devant la Cour.

« Enfin un dernier système voudrait que le recours en cassation fût seul ouvert.

« Quoi qu'il en soit, ajoute M. Troplong, de cette difficulté, *que nous ne voulons pas examiner,* toujours est-il certain qu'ici on n'a pris *aucune de ces voies,* et que c'est là une grave objection contre le pourvoi. »

Ce rapport n'est pas évidemment de nature à éclairer ceux qui désirent savoir quels sont les moyens indiqués par la loi pour se pourvoir contre les autorisations données sur requête.

L'arrêt de la même Cour du 25 juillet 1854 juge « que celui qui a été assigné à bref délai, en vertu d'une ordonnance sur requête, a le droit de soumettre au tribunal la *validité de l'ajournement* et de critiquer, *comme contraire aux lois, l'ordonnance* en vertu de laquelle cette assignation a eu lieu. »

La Cour casse en conséquence l'arrêt attaqué par le motif « qu'il avait rejeté la *demande en nullité* formée contre lesdites *ordonnance et assignation.* »

Cet arrêt consacre un tout autre système que ceux indiqués par M. Troplong dans son rapport du 4 janvier 1841 ; ce n'est pas par les voies d'opposition, d'appel ou de recours en cassation qu'on doit se pourvoir, mais par *demande en nullité tant de l'ordonnance que de la mesure autorisée.*

L'arrêt de la Cour de cassation du 24 avril 1844 dispose que « nulle loi ne s'oppose à ce que l'héritier légitime porte son *opposition à l'ordonnance* d'envoi en possession *devant le magistrat qui l'a rendue,* lorsqu'il se borne à réclamer des mesures provisoires qui n'excèdent pas la limite d'un référé, et que l'ordonnance contradictoire qui intervient est susceptible d'appel, comme le serait toute autre ordonnance rendue sur référé. »

Cet arrêt paraît admettre que *l'opposition à l'ordonnance doit être portée devant le magistrat qui a rendu cette ordonnance.* Si tel était le véritable sens de l'arrêt, il consacrerait un système qui ne se trouve pas parmi ceux indiqués par M. Troplong et qui est tout autre que celui de l'arrêt de cassation du 25 juillet 1854 ; mais si on lit attentivement l'arrêt du 24 avril 1844, on constate que, si la réclamation du tiers lésé est portée devant le président, celui-ci n'est pas saisi en sa qualité de magistrat dispensateur des autorisations sur requête, mais comme *juge des référés,* statuant au contentieux et dont la décision est, dès lors, attaquable par la voie de l'appel.

L'opposition dont parle l'arrêt du 24 avril 1844 est donc faite, *non contre l'ordonnance,* mais contre *son exécution,* ainsi qu'il résulte de l'ensemble des dispositions de l'arrêt.

La Cour de cassation a fait une exacte application des principes de la juridiction gracieuse alors qu'il s'est agi de déterminer les voies de recours ouvertes aux parties dont les droits et les intérêts sont lésés par une adoption que les Chambres du conseil du tribunal et de la Cour ont sanctionnée.

Conformément à la nature de ces décisions, qui interviennent *sur requête*, cette Cour a décidé que la partie qui se prétend lésée par l'adoption doit se pourvoir, non par opposition, ou par demande en nullité *contre les décisions judiciaires* qui, sur requête et sans contradiction possible, ont déclaré l'adoption valable, mais *par une demande principale en nullité de l'adoption*, mettant ainsi et pour la première fois le tribunal en situation de *juger au contentieux* ce qui a été apprécié provisoirement, et sous la réserve de tous les droits des tiers, par la Chambre du conseil faisant acte de *juridiction gracieuse*.

Telle est la doctrine admise par la Cour de cassation le 22 novembre 1825.

Cette doctrine a été également consacrée, en matière d'autorisation donnée sur requête, par l'arrêt de la même Cour rendu le 26 novembre 1867.

Cet arrêt donne la formule exacte de l'application à faire des principes de la juridiction gracieuse aux autorisations sur requête.

On lit, en effet, dans cet arrêt : « que, quelle que soit l'étendue du pouvoir conféré par la loi au président du tribunal, à l'égard des mesures urgentes qui lui sont demandées par voie de requête, *aucune disposition n'autorise les parties qui pourraient en souffrir à demander directement au tribunal l'annulation des ordonnances rendues...*

« Attendu que tel était l'objet de la demande par laquelle Gibiat qui, *sans se borner à conclure au principal à la suspension de l'exécution des mesures ordonnées* ou à la réparation des conséquences de cette annulation, a requis directement et expressément *l'annulation de l'ordonnance* du 2 décembre 1865, d'où il suit que, en confirmant le jugement du 5 décembre, par lequel le tribunal de la Seine s'était déclaré incompétent pour connaître de cette demande, l'arrêt n'a violé aucune loi. »

§ V

ABSENCE DE DISPOSITIONS LÉGALES INTERPRÉTATIVES
DE LA LOI.

Dans l'ancien droit, les arrêts de réglement et les actes de notoriété des tribunaux déterminaient le sens de la loi et souvent en comblaient les lacunes.

Denisart a publié un volume in-quarto sur les *actes de notoriété du Châtelet de Paris;* l'un de ces actes du 3 décembre 1669 est ainsi conçu :

« Après avoir ouï les anciens avocats et procureurs du Chastelet de Paris, communiqué aux gens du Roy et conféré avec les officiers du siége, nous attestons, par acte de notoriété, que, comme par les ordonnances il n'est pas permis aux huissiers et sergents de faire les exploits les fêtes et dimanches, ni emprisonnement pour dettes civiles, et qu'il est néanmoins quelquefois nécessaire de le permettre en connaissance de cause, suivant que les cas le requièrent, les huissiers et les sergents qui en demandent le pouvoir et les parties qui le requièrent ont de temps immémorial présenté requête à nous et à nos prédécesseurs pour ce faire, etc.

« Ce que nous attestons véritable et être l'usage toujours pratiqué au Chastelet de Paris, en foi de quoi..... »

La loi du 16 septembre 1807, expliquée par un avis du Conseil d'État du 17 décembre 1823, reconnaissait au Conseil d'État le droit d'interprétation des lois, par voie de réglement d'administration publique; ce pouvoir a été retiré au Conseil d'État par la loi du 30 juillet 1828.

La législation actuelle n'admettant ni les arrêts de réglement, ni les actes de notoriété, ni les interprétations de la loi par le Conseil d'État, il en résulte que lorsque des divergences s'établissent à l'occasion de certaines questions, entre les arrêts de différentes Cours d'appel et même entre les décisions de la Cour de cassation elle-même, il est impossible aux justiciables et à leurs conseils de savoir quelle sera la solution de la difficulté de droit que leurs prétentions soulèvent ; cette solution sera toujours incertaine, et quelquefois elle dépendra de la distribution de l'affaire à telle ou telle chambre du tribunal ou de la Cour.

Pourquoi en est-il ainsi? Parce que la loi, étant complètement muette en ce qui concerne les règles à suivre en matière de Chambre du conseil et d'autorisation sur requête, et aucun pouvoir supérieur ne venant s'imposer aux volontés individuelles, chacun est autorisé à se faire législateur et à résoudre les difficultés qui viennent à se produire selon ses appréciations personnelles.

Le dommage ne serait pas considérable si les contestations que soulèvent les décisions de la Chambre du conseil et les autorisations données sur requête par le président du tribunal étaient rares ; mais ces contestations ont pris une telle importance et de telles proportions, ainsi qu'il résulte des renseignements statistiques que nous avons donnés, qu'il est urgent et indispensable que le législateur intervienne pour mettre un terme à un état de choses qui ne présente pas moins d'inconvénients pour les justiciables que pour la magistrature.

§ VI

RAPPORTS DU GARDE-DES-SCEAUX ET DE LA COMMISSION NOMMÉE POUR LA RÉVISION DU CODE DE PROCÉDURE.

Les inconvénients que nous venons de signaler avaient préoccupé le ministre de la justice et la commission qu'il avait instituée, en 1864, en vue de la révision du Code de procédure.

La commission avait pensé qu'il était nécessaire de consacrer tout un titre de ce Code à la Chambre du conseil.

Le ministre de la justice s'exprimait ainsi en ce qui concerne cette Chambre :

« Les attributions de la *Chambre du conseil* ne sont point déterminées par une loi spéciale de compétence; elles sont éparses dans les diverses dispositions des Codes. Les formes de procédure devant elle n'ont rien d'uniforme ni de régulier. Il serait bon, suivant moi, de consacrer en principe l'existence, dans chaque tribunal, de cette juridiction de la Chambre du conseil qui, dans les grands centres de population, est si souvent appelée à rendre des décisions fort importantes.

« La Chambre du conseil existait au Châtelet de Paris et formait un des quatre services de ce tribunal. Elle avait sa procédure propre. Il est bon de la faire revivre, *comme juridiction distincte*, en appropriant ses formes aux besoins de notre époque.

« Communication de la requête ou de l'assignation au ministère public.

« Rapport d'un membre du tribunal.

« Conclusions, observations des parties quand la cause est contradictoire.

« Conclusions du ministère public dans ce cas.

« Délibéré et décision.

« Voilà le cadre de toute affaire soumise à la Chambre du conseil du tribunal de la Seine.

« On devra distinguer avec soin les affaires de la juridiction gracieuse et celles de la juridiction contentieuse, et *régler les effets des décisions rendues par l'une et par l'autre*.

« L'excellent ouvrage de M. Bertin fournirait au législateur des documents pleins d'intérêt et de lumière. Il serait ainsi permis de mettre un terme à des dissentiments fâcheux qui, sur plusieurs points de droit fort graves, existent encore en jurisprudence, touchant les *effets* et la *portée* des décisions rendues en Chambre du conseil. »

La haute Commission nommée pour la révision du Code de procédure s'est exprimée ainsi en ce qui concerne la Chambre du conseil :

« *Nulle part le législateur n'a pris soin de définir l'institution*
« *de la Chambre du conseil* et de fixer les principes de la compé-
« tence ; pour lui, la Chambre du conseil c'est le tribunal de pre-
« mière instance statuant en de certaines formes et sur certains
« objets, en vertu des dispositions éparses dans toute la législation.
« Les commentateurs de la loi ne se sont pas préoccupés
« davantage de pénétrer au fond des choses et d'ériger en un
« corps de doctrine les règles fondamentales de cette juridiction.
« Quiconque aura pu apercevoir l'immense variété d'affaires
« soumises à la Chambre du conseil du tribunal de première
« instance de la Seine comprendra combien il est regrettable que
« la loi ait réglé cette importante matière d'une façon si incom-
« plète, et que les jurisconsultes l'aient, jusqu'à présent, si peu
« approfondie. »
« Ces observations, que nous empruntons à la préface dont
M. le président de Belleyme a enrichi l'ouvrage si remarquable
de M. Bertin, sur la *Chambre du conseil*, sont pleines de vérité, et
l'on ne pouvait s'occuper de la révision du Code de procédure et
des lois de la compétence sans songer à régler, *par une législation spéciale*, les attributions de cette juridiction *sui generis*,
sorte de tribunal dans un tribunal, dont les pouvoirs sont
aujourd'hui livrés en *la forme* et *même au fond à la plus com-
plète incertitude*. Et ce n'est pas seulement pour des circonstances exceptionnelles que le doute et les divergences se sont
élevées dans les tribunaux de France, au sujet de la compétence

de la Chambre du conseil ; il est établi par les renseignements statistiques mis sous les yeux de la Commission que pour les affaires les plus fréquentes et les plus usuelles on voit se produire les divergences les plus singulières et en même temps les plus périlleuses pour les intérêts des justiciables.

« Nous croyons avoir fait une œuvre à la fois utile et nécessaire en introduisant dans le livre des compétences des dispositions qui affirmeront en quelques mots l'*existence propre de cette juridiction*, en même temps qu'elles en préciseront les attributions et la procédure.

« Il existe au sein de la société une foule d'intérêts qui résident en des mains trop faibles pour les défendre elles-mêmes ; d'un autre côté, les droits et les intérêts des familles touchent souvent à des conditions d'ordre public qui ne permettent pas de les laisser agir sans surveillance et sans contrôle (1).

« C'est cette tutelle judiciaire et cette surveillance supérieure qui constituent la plus importante des attributions de la Chambre du conseil. Elles s'exercent sur la demande des parties intéressées ; mais ce qui les caractérise, c'est que la décision qui intervient ne vide pas le différend, ne statue pas sur des conclusions contradictoires, mais prescrit des mesures protectrices, homologue des actes d'*administration et de famille*, autorise l'accomplissement de certaines formalités placées sous le contrôle de la justice en raison de la situation personnelle des demandeurs et quelquefois de l'intérêt public.

« Cette branche principale des attributions de la Chambre du conseil constitue ce qu'on a appelé avec raison la juridiction gracieuse.

« Indépendamment des affaires soumises à cette juridiction tutélaire, la Chambre du conseil a dans ses attributions certaines affaires contentieuses, véritables procès sur des points contestés entre les parties, dont la connaissance lui a été déférée, soit à cause de leur peu d'importance, soit parce que la publicité des

______

(1). Préface du livre de M. BERTIN.

explications et des débats peut avoir de certains inconvénients pour les parties ou pour l'ordre public. Ces affaires, peu nombreuses, sont déférées à la juridiction contentieuse de la Chambre du conseil.

« Chacune de ces juridictions a ses formes de procédure. »

En présence des faits que nous venons de signaler, nous ne croyons pas qu'il soit téméraire d'affirmer qu'une loi sur la Chambre du conseil et les autorisations délivrées sur requête par le président est *indispensable*.

DEUXIÈME PARTIE

---

§ I

QUALIFICATIONS DES DÉCISIONS RENDUES SUR REQUÊTE PAR LA
CHAMBRE DU CONSEIL ET LE PRÉSIDENT DU TRIBUNAL.

La décision rendue sur requête par la Chambre
du Conseil, étant un acte d'administration ou de
tutelle judiciaires, ne réunit pas les conditions né-
cessaires pour recevoir la qualification de *jugement*.

Le *jugement* suppose nécessairement un litige
provoqué par une mise en demeure adressée à celui
dont les intérêts peuvent être compromis par la décision sollicitée, et qui est appelé devant le juge pour
mettre celui-ci en état de statuer *cum causæ cognitione*.

Le mot *jugement* ne peut donc être appliqué
qu'aux décisions rendues par la juridiction contentieuse.

Celui : *décision* est le terme général qui embrasse toutes les décisions judiciaires émanant soit de la juridiction contentieuse, soit de la juridiction gracieuse.

Ce terme peut donc être appliqué sans inconvénient à ce qui a été décidé, sur requête, par la Chambre du conseil, et devra établir une ligne de démarcation suffisante entre les deux juridictions.

Dans le projet de loi, nous avons cru devoir, en conséquence, substituer à l'inexacte qualification de *jugement* de la Chambre du Conseil celle de *décision* de la Chambre du conseil.

Nous avons cru devoir aussi substituer au mot *ordonnance* sur requête celui d'*autorisation*.

Le mot *ordonnance* suppose nécessairement le droit d'*ordonner*. Le juge des référés *ordonne* que ce qu'il a *jugé* provisoirement sera exécuté, nonobstant appel, avec l'assistance de la force publique.

Lorsque le président statue, sur requête, il n'*ordonne* pas et ne peut *ordonner*, par la raison que, dans la situation où il est placé, et en l'absence du débat qui pourrait l'éclairer sur la réalité du droit invoqué, il se prononce *sine causæ cognitione*, et ne peut dès lors que *permettre* qu'il soit fait ainsi qu'il est demandé.

Des explications que nous venons de présenter sur la nature des décisions rendues sur requête par la Chambre du conseil et par le président du tri-

bunal, ainsi que sur les qualifications à donner aux
décisions, il résulte qu'elles sont régies par les principes de la juridiction gracieuse.

§ II

JURIDICTION GRACIEUSE.

L'article 1er dispose que toutes les demandes
formées, *par requête*, ayant pour objet des actes
d'administration ou de tutelle judiciaires, seront
déférées, suivant les distinctions admises par la loi,
soit à la Chambre du conseil, soit au président du
tribunal.

§ III

CONSTITUTION D'UNE CHAMBRE DU CONSEIL DANS CHAQUE TRIBUNAL.

L'article 2 porte qu'une Chambre du conseil
sera constituée dans tous les tribunaux de première instance ; dans ceux qui sont composés de
plusieurs chambres, les magistrats de la première
chambre connaîtront des affaires de Chambre du
conseil.

Les rédacteurs du Code civil et du Code de procédure semblent n'avoir eu que des notions vagues sur l'existence de la juridiction gracieuse qui, nonobstant le silence de la loi, s'est imposée dans la pratique judiciaire, parce que cette juridiction constitue une nécessité à laquelle les magistrats ne sauraient se soustraire sans compromettre des intérêts auxquels ils doivent aide et protection.

La lecture du Code civil et du Code de procédure démontre que la pensée de leurs auteurs a été que tous ceux qui ont des réclamations à porter devant la justice doivent s'adresser à la juridiction contentieuse du tribunal qui, dans certains cas, doit instruire et juger en Chambre du conseil ; aussi toute décision du tribunal, quelle qu'en soit la nature, est qualifiée *jugement*.

La loi attribuant à la juridiction ordinaire du tribunal les affaires non litigieuses aussi bien que les contentieuses, on a été autorisé à croire que les unes et les autres étaient régies par les mêmes principes, et notamment que les voies de recours, de l'opposition, de la tierce opposition, de l'appel, de la requête civile et de la cassation, étaient ouvertes aux parties lésées par les *jugements rendus sur requête ;* mais on n'a pas tardé à reconnaître que ces voies de recours, qui avaient leur raison d'être en matière contentieuse, étaient antipathiques avec la nature des décisions rendues sur requête, nécessairement régies par les principes de la juridiction gracieuse.

La confusion établie par la loi, entre des décisions de natures si différentes, a eu pour résultat le doute, l'incertitude et la contradiction.

Si nos anciens magistrats n'ont pas profité autant qu'ils auraient dû le faire des enseignements qui leur étaient donnés par le droit romain, en ce qui concerne la juridiction gracieuse, ils ont du moins reconnu la nécessité de soumettre à une juridiction spéciale les affaires non litigieuses ; les almanachs royaux antérieurs à **1789** constatent qu'il existait au Châtelet de Paris quatre services : *audience du parc civil, audience du présidial, la Chambre du conseil, la Chambre criminelle.*

Les affaires sur rapport étaient portées à la Chambre du conseil, présidée de mois en mois par un lieutenant particulier, excepté quand le lieutenant civil y venait.

Le roulement des conseillers de la Chambre du conseil se faisait tous les trois mois.

Au nombre des éminents services rendus par M. de Belleyme, comme président du tribunal de la Seine, on doit placer la constitution d'une Chambre du conseil, organisée dans des conditions particulières, composée d'un certain nombre de magistrats appartenant à la première chambre du tribunal, ayant ses règles de compétence, sa procédure, son mode d'instruction.

C'est ainsi que, à défaut de loi spéciale, et malgré les qualifications inexactes de la loi, M. de Belleyme a créé, par son initiative personnelle, une institution éminemment utile, et dont les procédés sont conformes à la mission qu'elle est appelée à remplir.

L'innovation de l'éminent président du tribunal de la Seine n'a pas seulement profité à ce tribunal ; les présidents des tribunaux des grandes villes ont successivement organisé des Chambres du conseil sur le modèle donné par M. de Belleyme.

Cette organisation a donc pour elle l'épreuve du temps ; non seulement elle est nécessaire, mais elle est indispensable pour mettre un terme aux divergences que révèle la statistique en ce qui concerne le mode de procéder en matière de Chambre du conseil ; dans de telles circonstances, le législateur doit intervenir pour imposer à tous les tribunaux le devoir de constituer une Chambre du conseil dans les conditions déterminées par l'article 2.

L'article 3 signale la double juridiction qui appartient à la Chambre du conseil lorsqu'elle est appelée à statuer, soit sur requête, soit sur assignation.

§ IV

PROCÉDURE ET INSTRUCTION. — VOIES DE RECOURS.

L'article 4 porte que les demandes qui ont pour objet des actes d'administration ou de tutelle judiciaires doivent être formées par requête présentée à la Chambre du conseil. La requête doit être signée par un avoué ; elle est adressée au président du tribunal, qui en prescrit la communication au ministère public et commet un des magistrats, composant la Chambre du conseil, pour en faire le rapport.

L'article 5 dispose que le rapport, les explications du requérant ou de son conseil, les conclusions du ministère public auront lieu en Chambre du conseil, que la décision sera rendue en Chambre du conseil, à moins que la publicité n'ait été prescrite par la loi.

L'article 6 ajoute que la partie requérante, ainsi que le ministère public, pourront, dans le mois de la décision, qui ne doit pas être signifiée, l'attaquer en présentant requête au premier président de la Cour du ressort.

La procédure, l'instruction de l'affaire, la publicité ou la non publicité de la décision qui sera rendue par la première Chambre de la Cour, siégeant comme Chambre du conseil, auront lieu, aux termes de l'article 7, dans les conditions déterminées par les articles 4 et 5.

§ V

COMPÉTENCE DE LA CHAMBRE DU CONSEIL.

L'article 8 indique les cas dans lesquels les parties intéressées doivent adresser leur demande à la

Chambre du Conseil ; nous n'avons rien à dire de
ceux qui ont été mentionnés par le Code civil, le
Code de procédure et les lois spéciales ; nous
avons cru devoir les reproduire, pour qu'il soit
bien entendu que ces cas doivent être déférés, non à
la juridiction ordinaire du tribunal, mais à la juridiction spéciale de la Chambre du conseil.

Nous avons quelques observations à présenter
en ce qui concerne les cas nouveaux qui, suivant
nous, doivent être attribués à la Chambre du conseil.

Lorsqu'il est nécessaire de procéder à la licitation
et à la vente des immeubles, si tous les co-propriétaires ou co-héritiers sont majeurs, ils peuvent ne pas
recourir au pouvoir judiciaire, et s'entendre pour
procéder de telle manière qu'ils aviseront ; telle
est la prescription de l'article 985 du Code de procédure.

Si, parmi les co-propriétaires ou les co-héritiers,
se trouvent un ou plusieurs mineurs, si les parties
majeures et les représentants des mineurs sont
d'accord pour qu'il soit procédé à la licitation et à
la vente, la loi veut qu'il y ait un simulacre de débat
judiciaire, et qu'il soit procédé devant la *juridiction
contentieuse* du tribunal, à l'effet de faire ordonner
la licitation. Ce mode de procéder a pour conséquence des délais et des frais importants qui, pour
partie, tombent à la charge des majeurs.

Si on recherche quelle est la *nature* de la décision qui doit intervenir, en pareil cas, on ne peut que difficilement s'expliquer la procédure engagée devant la juridiction contentieuse.

Il s'agit d'une licitation qui est nécessaire et ne soulève aucune controverse ; tous les intéressés demandent que cette licitation ait lieu ; mais, parmi eux, se trouve un tuteur qui n'a pas la capacité suffisante pour donner un consentement valable ; la décision à intervenir constitue incontestablement un acte de tutelle judiciaire, et c'est précisément pour qu'il puisse être procédé aux actes de cette nature que la Chambre du conseil a été créée.

Une situation analogue a été réglementée pour le cas où l'immeuble dotal ou appartenant, soit à des mineurs, soit à des interdits, a été exproprié ; les articles 13 et 25 de la loi du 3 mai 1841 disposent que la femme dotale ou le tuteur peuvent être autorisés par la Chambre du conseil à vendre à l'amiable l'immeuble et à accepter les offres de l'expropriant.

Il peut paraître étrange que la Chambre du conseil qui, au cas d'expropriation, a le droit d'autoriser le tuteur à *vendre à l'amiable*, ne puisse l'autoriser, dans les cas ordinaires, à *mettre en vente*, par adjudication publique, l'immeuble appartenant pour partie au mineur.

L'application, à ces cas, des règles de la juridiction gracieuse aura pour résultat d'affranchir les parties intéressées des retards et des frais qui n'ont pas de raison d'être, et de dispenser le mineur et les parties majeures d'une procédure coûteuse.

Tel est est le but du numéro 9 de l'article 8.

———

Les articles 953 et suivants du Code de procédure déterminent les conditions dans lesquelles les biens *immeubles* appartenant aux mineurs doivent être vendus ; les formalités que ces articles exigent sont nombreuses, coûteuses, et, dans certaines circonstances, excessives et préjudiciables aux intérêts de ceux en vue desquels la loi a disposé.

Le Code de procédure est complètement muet en ce qui concerne la vente des *biens mobiliers* appartenant à des mineurs.

La loi du 24 mars 1806 dispose, par son article 3, que les inscriptions ou les promesses d'inscriptions au-dessus de 50 fr. de rente 5 p. 0/0 ne peuvent être transférées par les tuteurs qu'avec l'autorisation du conseil de famille.

Le concours du conseil de famille n'est nécessaire pour la vente d'actions de la Banque de France qu'autant qu'il s'agit de vendre plus d'une action ou un droit dans plusieurs actions excédant une action entière. (Décret du 25 septembre 1813.)

Par plusieurs arrêts, et notamment par celui du 4 août 1873, la Cour de cassation a décidé, avec raison, que la loi du 24 mai 1806 et le décret du 25 septembre 1813 étaient *les seules exceptions*

apportées au droit que le tuteur possède de *vendre,
sans autorisation d'aucune sorte*, les biens mobiliers appartenant au mineur qu'il représente.

On comprend que le législateur de 1806 n'ait exigé le concours du conseil de famille et de la Chambre du conseil que lorsqu'il s'agissait de la vente de biens immobiliers appartenant à des mineurs, et que, en 1806 et en 1813, on n'ait considéré l'autorisation comme nécessaire que lorsqu'il s'agissait de la vente de rentes sur l'État ou d'actions de la Banque de France, car alors les valeurs mobilières étaient peu nombreuses ; mais, depuis, ces valeurs, et notamment les actions et obligations des chemins de fer et des grandes entreprises industrielles, ont pris une importance telle, qu'on a pu dire qu'elles égalent, si elles ne dépassent pas, le chiffre des valeurs immobilières.

La législation de 1806 est-elle suffisante pour donner, en 1876, de légitimes satisfactions aux intérêts des incapables, et notamment des mineurs ?

La réponse à cette question ne saurait être douteuse.

Un tuteur qui doit, aux termes de la loi, obtenir l'autorisation du conseil de famille et de la Chambre du conseil, et faire procéder aux formalités nombreuses et coûteuses des articles 953 et suivants du Code de procédure, alors qu'il s'agit d'un lopin de terre valant 500 fr., a le droit de vendre 500,000 fr. d'actions ou d'obligations *nominatives* appartenant au mineur, et cela sans aucune autorisation.

Cet état de choses doit-il être maintenu ? Nous ne le pensons pas.

Il est nécessaire et urgent que le législateur préserve les mineurs des désastres que l'insuffisance manifeste de la loi doit provoquer. Le n° 10 de l'article 8 indique les moyens à l'aide desquels les intérêts des mineurs seront suffisamment protégés.

Le conseil de famille devra, après avoir fixé la somme nécessaire aux besoins du mineur, déterminer l'emploi du surplus des valeurs mobilières en acquisitions, soit d'immeubles, soit de valeurs nominatives, qu'il désignera ; si dans le patrimoine du mineur se trouvent des titres au porteur, le conseil de famille devra en ordonner la conversion en titres nominatifs.

Si le tuteur estime qu'il est nécessaire, dans l'intérêt du mineur, de vendre un ou plusieurs de ces titres, dont la valeur n'excède pas 1,000 fr., il devra solliciter du conseil de famille l'autorisation de vendre. Si les valeurs, qui doivent être vendues, excèdent la valeur de 1,000 fr., le tuteur ne pourra procéder à la vente qu'après avis du conseil de famille et autorisation de la Chambre du conseil.

Le n° 11 de l'article 8 dispose que la nomination du tuteur *ad hoc*, en cas de désaveu, doit être faite par la Chambre du conseil.

La jurisprudence et la doctrine sont divisées sur la question de savoir si le tuteur *ad hoc* doit, *en matière de désaveu*, être nommé par le conseil de famille ou par la Chambre du conseil.

La Chambre du conseil du tribunal de la Seine, après avoir limité à certains cas particuliers sa compétence en cette matière, a décidé que le tuteur *ad hoc* devait être nommé, *dans tous les cas*, par la Chambre du conseil.

Il est certain que la nécessité de donner un tuteur *ad hoc* à l'enfant désavoué se produit dans des conditions particulières, et que, dans certaines circonstances, il sera difficile et même impossible de constituer le conseil de famille ; dans les cas où la constitution du conseil de famille est possible, la moitié de ceux qui le composeront pourra être hostile à l'enfant désavoué.

Dans une telle situation, il est nécessaire que le tuteur *ad hoc* de l'enfant désavoué soit nommé par la Chambre du conseil.

Le n° 12 de l'article 8 porte que l'autorisation nécessaire pour le père administrateur, pendant le mariage, de disposer des biens de ses enfants mineurs, sera donnée par la Chambre du conseil, sans l'intervention du conseil de famille.

La Chambre du conseil du tribunal de la Seine a constamment décidé que le conseil de famille n'avait pas raison d'être au cours du mariage et pendant l'administration par le père des biens de ses enfants mineurs; que les autorisations qui, pendant la tutelle, devaient être obtenues du conseil de famille, devaient être demandées à la Chambre du conseil par le père administrateur.

Les règles de la tutelle sont inapplicables à l'administration légale du père de famille ; les biens de celui-ci ne sont pas soumis à l'hypothèque légale ; il n'existe pas de subrogé-administrateur ; le conseil de famille, qui a pour mission de remplacer l'époux décédé, ne saurait se concevoir lorsque les deux époux existent ; il serait fâcheux qu'une résolution prise par eux fût combattue et paralysée par un conseil de famille. Telles sont les raisons qui motivent les dispositions du n° 12 de l'article 8.

§ VI

COMPÉTENCE GÉNÉRALE DE LA CHAMBRE DU CONSEIL.

La compétence de la Chambre du conseil, alors qu'elle statue sur requête, ne doit pas être illimitée; mais il est nécessaire, pour qu'elle puisse donner satisfaction aux besoins qui se produisent, qu'elle soit investie de pouvoirs généraux lui permettant de se mouvoir dans le cercle déterminé par la loi.

Il y aurait des inconvénients considérables à limiter la compétence de la Chambre du conseil aux cas spécifiés ; l'énumération faite par la loi serait nécessairement incomplète, alors que des cas omis ou nouveaux viendraient à se produire.

On comprend que lorsqu'il s'agit d'une juridiction exceptionnelle, l'insuffisance des cas spécifiés n'a qu'une médiocre importance, la juridiction ordinaire et de droit commun pouvant être saisie régulièrement ; mais lorsqu'il s'agit, non d'une juridiction exceptionnelle, mais spéciale et de droit commun en matière de juridiction gracieuse, si notamment la Chambre du conseil se déclare incompétente, par suite de l'insuffisance des cas spécifiés, le requérant sera dans l'impossibilité de s'adresser à la juridiction contentieuse du tribunal qui ne peut connaître des affaires gracieuses, d'où il résulterait que la justice serait dans l'impuissance de donner satisfaction à des besoins qui n'auraient pas été énoncés dans la classification du législateur.

Des pouvoirs généraux sont donc *indispensables* aussi bien pour la Chambre du conseil, statuant au gracieux, que pour le tribunal jugeant au contentieux ; mais il est nécessaire que la loi constate que ces pouvoirs ne pourront être exercés que dans les limites de la juridiction gracieuse, et alors qu'il s'agira d'actes d'administration ou de tutelle judiciaires.

La nécessité de pouvoirs généraux, en matière de juridiction gracieuse, s'est révélée en ce qui concerne les autorisations données sur requête par le président du tribunal ; l'article 806 du Code de procédure lui confère le droit de statuer, en *référé, dans tous les cas d'urgence.* Le même pouvoir, n'ayant pas été attribué au président en matière d'autorisations sur requête, il était dans la nécessité de s'abstenir, alors que les autorisations demandées se trouvaient en dehors des cas spécifiés par la loi. Les inconvénients, résultant d'un pareil état de choses, ont été tels que le législateur a dû combler la lacune du Code de procédure par l'article 54 du décret du 30 mars 1808, qui accorde au président du tribunal le droit de délivrer des autorisations sur requête *dans les cas d'urgence.*

La même nécessité existe en matière de Chambre du conseil ; il est indispensable que cette juridiction soit autorisée à statuer, non seulement dans les cas indiqués par la loi, mais aussi dans tous ceux qui constituent des actes d'administration ou de tutelle judiciaires.

Telle est la prescription de l'article 9.

§ VII

VOIES DE RECOURS.

Les décisions rendues sur requête par la Chambre du conseil étant des actes d'administration ou de tutelle judiciaires, sont régies par les principes de la juridiction gracieuse ; ces actes n'ont pas l'autorité de la chose jugée ; ils ne peuvent, dès lors, être attaqués par les voies de recours ouvertes contre les *jugements*.

Si les tiers intéressés à contester les résultats de ces actes ne peuvent se pourvoir par l'opposition, la tierce opposition, l'appel, la requête civile et le recours en cassation, il existe pour eux d'autres moyens de faire valoir leurs droits. S'agissant de mesures qui n'ont pu intervenir qu'aux risques et périls de ceux qui les ont sollicités et sous la réserve de tous les droits des tiers, ceux-ci ont la faculté d'attaquer ces mesures par les voies ordinaires, c'est-à-dire par l'action principale portée devant le tribunal, et, en cas d'urgence, devant le juge des référés, à l'effet de faire juger au *contentieux* ce qui a été administrativement apprécié par la juridiction gracieuse.

§ VIII

JURIDICTION CONTENTIEUSE.

Le législateur a cru devoir, à raison de la nature de certaines affaires et des inconvénients qui pourraient résulter de la publicité des débats et de la décision, attribuer à la Chambre du conseil la connaissance de ces affaires.

Dans ce cas, la Chambre du conseil est saisie

comme juridiction exceptionnelle et ne peut statuer que dans les cas qui lui ont été spécialement déférés par la loi.

Aux trois cas indiqués par les lois antérieures et reproduits par l'article 11, nous avons cru devoir en ajouter deux, celui de la conversion, par la femme séparée de biens, de titres *nominatifs* de rentes, actions et obligations, en titres au *porteur* (article 11, n° 2), et celui d'opposition à la taxe des frais et honoraires des notaires, avoués, huissiers, commissaires-priseurs, experts, curateurs à succession vacante, ainsi que de tous ceux qui ont accompli une mission de justice (article 11, n° 5).

Une jurisprudence aujourd'hui constante reconnaît à la femme mariée, séparée de biens, le droit de convertir, en titres *au porteur*, des rentes, des actions ou des obligations nominatives, sans qu'il soit nécessaire qu'elle obtienne de son mari ou de justice l'autorisation de procéder ainsi.

Ce droit a été notamment consacré par les arrêts de la Cour de cassation des 8 février 1870 et 13 juin 1876.

Les compagnies de chemin de fer, la chambre des notaires de Paris ont signalé au ministre de la justice les fâcheux résultats d'un état de choses qui est de nature à compromettre le patrimoine des familles et qui, si la jurisprudence venait à changer, pourrait donner lieu à de graves responsabilités.

Il est difficile de s'expliquer que la femme, qui ne peut concourir à un acte d'aliénation quelconque qu'avec l'autorisation de son mari et de justice, ait le droit de procéder seule, et sans autorisation, à une conversion de titres qui placera entre ses mains des valeurs au porteur dont elle pourra disposer au préjudice de sa famille et souvent d'elle-même.

De tels résultats ne pouvaient se produire en 1806, et on comprend que, n'étant pas alors prévus, ils n'aient donné lieu à aucune mesure protectrice des droits du mari et des intérêts des familles ; mais puisque les développements du commerce et de l'industrie, l'accroissement prodigieux des valeurs mobilières ont eu pour conséquence le titre au porteur, il est indispensable et urgent que le législateur donne aux intérêts, que cette innovation peut compromettre, des garanties suffisantes.

Aux termes du n° 2 de l'article 11, la femme mariée ne pourra convertir en titres au porteur des titres nominatifs qu'avec l'autorisation de son mari ou de justice.

L'attribution à la Chambre du conseil des contestations que les taxes de frais peuvent soulever nous paraît motivée par la nature de la contestation, dont l'examen ne peut utilement se faire qu'en Chambre du conseil, et pour laquelle la publicité des débats et de la décision ne nous paraît pas nécessaire.

Le second tarif du 16 février 1807 confère à la Chambre du conseil le droit de connaître de l'opposition formée à l'exécutoire délivré à l'avoué *qui a obtenu la distraction de ses dépens ;* par l'article 9, ce décret refuse à l'avoué qui n'a pas obtenu la distraction, et en général aux officiers ministériels, le droit de soumettre leurs prétentions à la Chambre du conseil à l'effet d'obtenir le titre nécessaire pour le paiement de leurs frais ; de là la nécessité pour eux de saisir la juridiction ordinaire.

De quoi s'agit-il dans les deux cas ? De frais faits par des officiers ministériels ou par les personnes qui ont reçu une mission de justice ; le fait de la distraction des dépens ne peut modifier la *nature* de la demande qui, dans tous les cas, est la même, et qui a pour objet une réclamation de déboursés et d'honoraires dont le chiffre doit être déterminé par la justice.

La nature de la demande étant la même, la Chambre du conseil doit connaître de toutes les réclamations que la taxe peut soulever, soit que la distraction ait été prononcée, soit qu'elle ne l'ait pas été.

Nous devons ajouter que cette réforme a été sollicitée le 19 mars 1850 par le tribunal de la Seine, réuni, en assemblée générale, sous la présidence de M. de Belleyme.

L'article 12 porte que la demande est formée par assignation ; les parties comparaissent devant la Chambre du conseil, soit elles-mêmes, soit par leurs conseils.

Les conclusions du ministère public sont données en Chambre du conseil ; le jugement est rendu en audience publique, à moins qu'il en ait été autrement ordonné par la loi.

L'article 13 dispose que si la partie assignée ne se présente pas, la Chambre du conseil devra se borner à constater le défaut et à ordonner que le défaillant sera réassigné par un huissier commis par le président ; le jugement qui interviendra par suite de cette seconde assignation sera définitif.

La procédure devant la Chambre du conseil doit être sommaire et affranchie des lenteurs et des frais de la procédure ordinaire.

Dans le cas que nous venons de signaler, il est inutile de prononcer un jugement de condamnation par défaut avec signification ; une réassignation par huisssier commis est suffisante pour mettre la partie assignée en demeure de fournir ses explications.

L'article 14 rappelle les conditions dans lesquelles l'appel doit être interjeté.

L'article 15 porte que, devant la Cour, la procédure, l'instruction de l'affaire, la publicité ou la non publicité de l'arrêt auront lieu dans des conditions déterminées par les articles 12 et 13.

§ IX

AUTORISATIONS DONNÉES SUR REQUÊTE PAR LE PRÉSIDENT
DU TRIBUNAL.

Nous avons précédemment expliqué que la compétence de la Chambre du conseil ne pouvait, en matière gracieuse, être restreinte dans des limites de cas spécifiés par la loi ; que cette chambre devait nécessairement être investie de pouvoirs généraux alors qu'il s'agit d'actes d'administration ou de tutelle judiciaires, parce qu'elle était, concurremment avec le président du tribunal, la seule juridiction pouvant donner satisfaction aux besoins qui viendraient à se produire.

S'agissant d'autorisations données sur requête par le président du tribunal, la question de savoir si les pouvoirs généraux doivent être donnés au président ne peut se produire, puisque la nécessité de ses pouvoirs a été reconnue et constatée par l'article 54 du décret du 30 mars 1808 dont l'article 16 rappelle la disposition.

L'article 17 reproduit la disposition finale de l'article 54 du décret de 1808, qui porte que les requêtes présentées après la distribution de la cause et dans le cours de l'instance seront répondues par le vice-président de la chambre à laquelle la cause a été distribuée.

Dans diverses circonstances, le législateur a conféré au président du tribunal de commerce le droit de délivrer les autorisations sur requête, alors que les mesures autorisées se rattachent à des actes ou à des faits de nature commerciale.

Il nous paraît nécessaire de généraliser ces dispositions spéciales en attribuant au président du tribunal de commerce le droit et le devoir de statuer sur toutes les demandes d'autorisation qui ont d'intimes rapports avec des actes ou des faits de nature commerciale ; telle est l'amélioration que doit, suivant nous, réaliser l'article 18.

La loi a compris, en attribuant, dans certains cas, au président du tribunal de commerce le droit de délivrer des autorisations sur requête, qu'il était utile que ce fût le juge de l'acte qui prescrivît des mesures provisoires et conservatoires auxquelles cet acte pouvait donner lieu ; le même motif existe toutes les fois qu'un acte ou un fait de nature commerciale donne lieu à des mesures conservatoires ; il est nécessaire que, dans tous les cas, ce soit le magistrat qui doit être appelé ultérieurement à apprécier cet acte ou ce fait qui délivre les autorisations préalablement demandées, ou au moins qu'il appartienne à la juridiction qui doit être saisie.

Juge commercial, il est bien mieux placé que le juge civil pour résoudre la question de savoir si l'autorisation doit être accordée ; d'ailleurs, on échappe, par la centralisation du pouvoir de délivrer des autorisations, aux inconvénients qui doivent nécessairement se produire lorsque les débuts d'une procédure sont soumis à une juridiction autre que celle qui doit statuer ultérieurement.

L'article 19 dispose que les tiers dont les intérêts ont pu être lésés par les autorisations accordées par le président du tribunal pourront se pourvoir *contre la mesure autorisée* par action principale portée devant le tribunal et, en cas d'urgence, devant le juge des référés.

Cette disposition, dont la formule peut paraître nouvelle, est l'application exacte et juridique des principes qui régissent la juridiction gracieuse à laquelle appartiennent les autorisations données sur requête par le président du tribunal ; nous nous sommes suffisamment expliqué à cet égard lorsque nous avons déterminé les voies de recours en matière de Chambre du conseil.

Nous pouvons aujourd'hui invoquer à l'appui de cette innovation, non seulement plusieurs arrêts de la Cour de cassation, mais aussi l'adhésion qu'elle a reçue de magistrats éminents.

L'article 20 et dernier signale les articles du Code civil et du Code de procédure qu'il est nécessaire de modifier, pour les mettre en harmonie avec la présente loi et avec les règles de la juridiction gracieuse.

TROISIÈME PARTIE

PROJET DE LOI SUR LA CHAMBRE DU CONSEIL
ET LES AUTORISATIONS DONNÉES SUR REQUÊTE
PAR LE PRÉSIDENT DU TRIBUNAL.

———

Art. 1er. — Toutes les demandes formées par requête, ayant pour objet des actes d'administration ou de tutelle judiciaires, seront déférées, suivant les distinctions admises par la loi, soit à la Chambre du conseil, soit au président du tribunal.

———

TITRE I

CHAMBRE DU CONSEIL.

Art. 2. — Le tribunal de première instance se constitue en Chambre du conseil pour statuer sur les affaires attribuées à cette juridiction.

Dans les tribunaux composés de plusieurs chambres, les magistrats de la première chambre formeront la Chambre du conseil.

ART. 3. — La Chambre du conseil statue comme juridiction gracieuse lorsqu'elle est saisie par requête.

Elle exerce exceptionnellement la juridiction contentieuse lorsqu'elle juge, dans les cas déterminés par la loi, après assignation et débat contradictoire.

SECTION I

Juridiction gracieuse.

ART. 4. — Les demandes qui ont pour objet des actes d'administration ou de tutelle judiciaires doivent être formées par requête présentée à la Chambre du conseil. La requête est signée par un avoué..

Cette requête sera adressée au président du tribunal, qui en prescrira la communication au ministère public et commettra un des magistrats composant la Chambre du conseil, pour en faire le rapport.

ART. 5. — Le rapport, les explications du requérant ou de son conseil, les conclusions du ministère public auront lieu en Chambre du conseil.

La décision sera rendue en Chambre du conseil, à moins que la publicité de la décision n'ait été prescrite par la loi.

Art. 6. — La partie requérante, ainsi que le ministère public, pourront, dans le mois de la date de la décision, qui ne doit pas être signifiée, attaquer cette décision en présentant requête au premier président de la Cour du ressort.

Art. 7. — La procédure, l'instruction de l'affaire, la publicité ou la non publicité de la décision qui sera rendue par la première chambre de la Cour, siégeant comme Chambre du conseil, auront lieu dans les conditions déterminées par les articles 4 et 5.

Art. 8. — La Chambre du conseil statue sur requête dans les cas suivants :

N° 1. Rétablissement des actes et des registres de l'état-civil adirés, détruits ou omis. (Code civil, art. 46.)

Rectification des mêmes actes lorsque la réclamation ne soulève aucune question d'état. (Code civil, art. 99.)

Dans les deux cas qui précèdent, c'est la Chambre du conseil dans le ressort de laquelle l'acte a été ou a dû être dressé qui doit connaître de la demande.

N° 2. Homologation de l'acte de notoriété dans les cas indiqués par les articles 70, 71 et 72 du Code civil.

N° 3. Nomination d'un administrateur des biens d'une personne présumée absente et du notaire chargé de représenter cette personne dans les comptes, partages et liquidations. (Code civil, art. 112 et 113.)

Enquête ordonnée par la Chambre du conseil. (Code civil, art. 116 et suivants.)

Déclaration d'absence. (Code civil, art. 119.)

Autorisations données aux administrateurs et aux envoyés en possession provisoire des biens de l'absent, pour procéder aux actes conservatoires des biens de celui-ci.

N° 4. Autorisation pour la femme mariée d'ester en justice ou de contracter en cas d'absence, de minorité ou d'incapacité de son mari. (Code civil, art. 221, 222 et 224 ; Code de procédure, art. 863.)

N° 5. Autorisation pour la femme mariée d'aliéner ses biens dotaux dans les cas déterminés par l'article 1558 du Code civil.

N° 6. Autorisation de convoquer le conseil de famille pour donner son avis sur l'état de la personne dont l'interdiction est demandée. (Code civil, art. 494.)

Interrogatoire de cette personne en Chambre du conseil. (Code civil, art. 496.)

Nomination de l'administrateur provisoire pour prendre soin de la personne et des biens de celui dont l'interdiction est demandée. (Code civ., art. 497.)

La dot et l'avancement d'hoirie des enfants de la personne interdite, ainsi que les autres conventions matrimoniales. sont réglées par un avis du conseil de famille homologué par la Chambre du conseil. (Code civil, art. 511.)

N° 7. Nomination de l'administrateur provisoire d'une personne non interdite, mais internée dans une maison consacrée aux aliénés. (Loi du 30 juin 1838, art. 33.)

Nomination du mandataire spécial chargé de représenter cette personne dans une instance, soit comme demanderesse, soit comme défenderesse. (Même article.)

Nomination d'un curateur à la personne. (Art. 38.)

Commission d'un notaire. (Art. 36.)

Demande de sortie de la personne détenue, dans le cas où la demande n'est pas contestée. (Art. 29.)

N° 8. Homologation des délibérations du conseil de famille des mineurs et interdits à l'effet d'autoriser les tuteurs à emprunter, à passer des baux de plus de neuf ans et à aliéner des immeubles ou des droits immobiliers appartenant à des mineurs ou à des interdits, lorsqu'il n'existe aucune contestation relative à l'aliénation. (Code civil, art. 457 et 458.)

Homologation des délibérations du conseil de famille autorisant le tuteur à transiger au nom du mineur. (Code civil, art. 467.)

Homologation des délibérations du conseil de famille autorisant le mineur à faire le commerce. (Code de commerce, art. 2.)

N° 9. Autorisation donnée au tuteur, après avis du conseil de famille, de concourir à la licitation, au partage et à la vente de biens appartenant pour partie à des mineurs, si la licitation, le partage et la vente ne sont pas contestés.

La Chambre du conseil devra fixer la mise à prix

et renvoyer la vente soit à l'audience des criées, soit devant notaire.

Nº 10. Autorisation de vendre les biens meubles et les valeurs mobilières appartenant à des mineurs ou à des interdits.

Le conseil de famille, après avoir fixé la somme nécessaire aux besoins du mineur ou de l'interdit, déterminera l'emploi du surplus des valeurs mobilières appartenant aux mineurs ou aux interdits, soit en acquisition d'immeubles, soit en rentes, actions ou obligations *nominatives* qu'il désignera.

Si dans le patrimoine du mineur ou de l'interdit se trouvent des titres au porteur, le conseil de famille devra en prescrire la conversion en titres nominatifs. Les titres, soit nominatifs, soit au porteur, ne pourront être vendus par le tuteur qu'après avis du conseil de famille et autorisation de la Chambre du conseil ; cependant, si les biens meubles et la valeur des titres que le tuteur croit utile de vendre n'excèdent pas 1,000 fr., l'autorisation du conseil de famille suffira.

Nº 11. Nomination du tuteur *ad hoc* en matière de désaveu.

Nº 12. Autorisation donnée, pendant le mariage, au père administrateur d'aliéner les biens de ses enfants mineurs dans les cas spécifiés aux nos 8, 9, 10 de l'article 8.

Dans ce cas, la demande doit être formée directement devant la Chambre du conseil, sans le concours du conseil de famille.

N° 13. Autorisation, au cas d'expropriation pour cause d'utilité publique, d'accepter les offres de l'expropriant, prescriptions à faire pour l'emploi des deniers alors que les immeubles expropriés appartiennent à des absents, à des femmes mariées sous le régime dotal, à des mineurs, à des interdits ou à des personnes internées dans des établissements consacrés à des aliénés. (Loi du 3 mai 1841, art. 13 et 25.)

Autorisation au cas d'expropriation de biens grevés de substitution. (Loi du 3 mai 1841, art. 13.)

N° 14. Sanction judiciaire donnée au contrat d'adoption. (Code civil, art. 354 et suivants.)

N° 15. Envoi en possession demandée par l'enfant naturel, le conjoint ou l'État. (Code civil, art. 767, 768 et 770.)

N° 16. Autorisation demandée par les héritiers bénéficiaires, les curateurs aux successions vacantes, à l'effet d'aliéner les valeurs mobilières et immobilières dépendant d'une succession, et en général toute demande ayant pour objet des traités, des transactions ou des compromis dans l'intérêt de la succession.

N° 17. Nomination d'administrateurs provisoires pour gérer des successions non acceptées, des sociétés civiles momentanément sans gérant, des entreprises industrielles qui se trouvent sans directeur, ou lorsque les intéressés ne peuvent s'entendre sur le choix d'un directeur.

N° 18. Homologation, au cas de faillite, de transactions relatives à des droits immobiliers. (Code de commerce, art. 487.)

Nº 19. Exécution en France des jugements et arrêts intervenus en pays étrangers (Code civil, art. 2123 et 2128; Code de procédure, art. 546, § 2), alors que les décisions ont été rendues en matière gracieuse.

Nº 20. Autorisation d'assigner en réglement de juger. (Code de procedure, art. 364.)

Art. 9. — La Chambre du conseil est compétente pour statuer, sur requête, en dehors des cas ci-dessus énoncés, lorsque la demande a pour objet un acte d'administration ou de tutelle judiciaires.

Art. 10. — Ceux dont les intérêts ont pu être lésés par les décisions de la Chambre du conseil pourront se pourvoir par action principale portée devant le tribunal et, en cas d'urgence, en référé, à l'effet de faire juger au contentieux ce qui a été administrativement apprécié par la Chambre du conseil.

SECTION II

Juridiction contentieuse.

Art. 11. — La Chambre du conseil connaît exceptionnellement des affaires contentieuses qui lui sont attribuées par la loi dans les cas suivants :

N° 1. Autorisations demandées par les femmes mariées pour ester en jugement ou pour contracter, lorsque le mari refuse son autorisation. (Code civil, art. 217, 218 et 219 ; Code de procédure, art. 861 et suivants.)

N° 2. Autorisation pour la femme séparée de biens, à défaut de l'autorisation maritale, de convertir des rentes, actions ou obligations *nominatives* en titres au porteur.

N° 3. Restriction de l'hypothèque légale demandée par le mari ou le tuteur. (Code civil, art. 2143, 2144, 2145.)

N° 4. Demande en paiement des pensions dues par les parents dont les enfants ont été placés par eux ou leurs représentants dans les lycées de l'État. (Ordonnance du 1er juillet 1809, art. 11.)

N° 5. Opposition à la taxe des frais et honoraires des notaires, avoués, huissiers, commissaires-priseurs, experts, curateurs aux successions vacantes, ainsi que de tous ceux qui ont accompli une mission de justice.

ART. 12. — La demande est formée par assignation ; les parties comparaissent devant la Chambre du conseil, soit elles-mêmes, soit par leurs conseils.

Les conclusions du ministère public sont données en Chambre du conseil ; le jugement est rendu à l'audience publique, à moins qu'il n'en ait été autrement ordonné par la loi.

La partie qui succombe est condamnée aux dépens.

Art. 13. — Si la partie assignée ne se présente pas, la Chambre du conseil doit se borner à constater le défaut et à ordonner que le défaillant sera réassigné par un huissier commis par le président.

Le jugement qui interviendra à la suite de cette seconde assignation sera définitif.

Art. 14. — Il n'y aura lieu à appel du jugement rendu par la Chambre du conseil que si l'importance du litige excède 1,500 fr.

L'appel devra être interjeté par assignation dans les deux mois de la signification du jugement.

Art. 15. — Devant la Cour, la procédure, l'instruction de l'affaire, la publicité ou la non publicité de l'arrêt auront lieu dans les conditions déterminées par les articles 12 et 13.

TITRE II

AUTORISATIONS SUR REQUÊTE DONNÉES PAR LE PRÉSIDENT DU TRIBUNAL.

Art. 16. — Dans tous les cas d'urgence et dans ceux déterminés par la loi, le président du tribunal ou le juge qui le remplace pourra, sur requête, autoriser provisoirement les actes d'administration ou de

tutelle judiciaires qu'il estimera légitimes et néces-
saires.

ART. 17. — Si la mesure sollicitée se rattache à
une contestation distribuée à l'une des chambres du
tribunal, la requête devra être présentée au président
de cette chambre. (Décret du 30 mars 1808, art. 54.)

ART. 18. — Lorsque le fait ou l'acte en vue duquel
l'autorisation est demandée est de nature commerciale, la requête devra être présentée au président
du tribunal de commerce.

ART. 19. — Les tiers, dont les intérêts ont pu être
lésés par les autorisations accordées sur requête par
le président du tribunal, pourront se pourvoir
contre la mesure autorisée par action principale
portée devant le tribunal et, en cas d'urgence, devant
le juge des référés.

ART. 20. — Les articles ci-après du Code civil, du
Code de procédure et du tarif de 1807 seront modi-
fiés ainsi qu'il suit :